François Villon.

Les Ballades.

Paris,
Edouard Pelletan, Editeur,
125, Boulevard Saint-Germain, 125.

1896

EXEMPLAIRE N° 216

POUR

Le Dépôt légal

Les Ballades.

François Villon.

Les Ballades.

Soixante-dix illustrations de A. Gerardin,
Gravees par Julien Tinayre.

Paris,
Edouard Pelletan, Editeur,
125, Boulevard Saint-Germain, 125.

Ballade
des Dames du Temps iadis

Dictes moy où, n'en quel pays,
Est Flora, la belle Rommaine;
Archipiada, ne Thaïs,
Qui fut sa cousine germaine;
Echo, parlant quant bruyt on maine
Dessus riuiere ou sus estan,

Ballade

Qui beaulté ot trop plus qu'humaine?
Mais où font les neiges d'antan!

Où est la tres fage Helloïs,
Pour qui fut chaftré & puis moyne
Pierre Efbaillart à Saint-Denis?
Pour fon amour ot ceft effoyne.
Semblablement, où eft la royne
Qui commanda que Buridan
Fuft geɥé en vng fac en Saine?
Mais où font les neiges d'antan!

La royne Blanche comme lis,
Qui chantoit à voix de feraine;
Berte au grant pié, Bietris, Allis;
Haremburgis qui tint le Maine,
Et Iehanne, la bonne Lorraine,
Qu'Englois brulerent à Rouan;

Où font elles, Vierge fouuraine ?...
Mais où font les neiges d'antan !

ENVOI

Prince, n'enquerez de fepmaine
Où elles font, ne de ceft an,
Que ce reffrain ne vous remaine :
Mais où font les neiges d'antan !

Ballade
des Seigneurs du Temps iadis

Suyvant le propos precedent

Qui plus? Où eſt le tiers Calixte,
Dernier decedé de ce nom,
Qui quatre ans tint le papaliſte?
Alphonce, le roy d'Arragon,
Le gracieux duc de Bourbon,
Et Artus, le duc de Bretaigne,
Et Charles ſeptieſme, le Bon?...
Mais où eſt le preux Charlemaigne!

Ballade

Semblablement, le roy Scotiste,
Qui demy face ot, ce dit on,
Vermeille comme vne amatifte
Depuis le front iufqu'au menton?
Le roy de Chippre, de renon;
Helas! & le bon roy d'Efpaigne,
Duquel ie ne fçay pas le nom?...
Mais où eft le preux Charlemaigne!

D'en plus parler ie me defifte;
Ce monde n'eft qu'abufion.
Il n'eft qui contre mort refifte
Ne qu'y treuue prouifion.
Encor fais vne queftion :
Lancelot, le roy de Behaigne,
Où eft il? Où eft fon tayon?...
Mais où eft le preux Charlemaigne!

ENVOI

Où est Claquin, le bon Breton ?
Où le conte Daulphin d'Auuergne
Et le bon feu duc d'Alençon ?
Mais où est le preux Charlemaigne !

Ballade
A ce Propos en viel Langage françois

CAR, — ou foit ly fains apoftolles,
D'aubes veftuz, d'amy coeffez,
Qui ne faint fors faintes eftolles,
Dont par le col prent ly mauffez,
De mal talant tout efchauffez, —
Auffi bien meurt filz que feruans,
De cefte vie cy bouffez :
Autant en emporte ly vens.

Ballade a ce Propos

Voire, ou foit de Conſtantinobles
L'emperieres au poin dorez,
Ou de France ly roy tres nobles,
Sur tous autres roys decorez,
Qui, pour ly grans Dieux adourez,
Baſtiſt egliſes & couuens?
S'en ſon temps il fut honnorez,
Autant en emporte ly vens.

Ou foit de Vienne & de Grenobles
Ly Dauphins, ly preux, ly ſenez.
Ou, de Diion, Salins & Doles,
Ly ſires & ly filz ainſnez.
Ou autant de leurs gens priuez,
Heraulx, trompetes, pourſuiuans.
— Ont ilz bien bouté ſoubz le nez? —
Autant en emporte ly vens.

ENVOI

Princes à mort ſont deſtinez,
Et tous autres qui ſont viuans,
Si ſont courcez ou attinez,
Autant en emporte ly vens.

Ballade
de la Belle Hëaulmiere
aux filles de ioie

Precedee

Des Regrets
de la Belle Hëaulmiere

Aduis m'eſt que i'oy regreter
La belle qui fut hëaulmiere,
Soy ieune fille foushaicter

Et parler en telle maniere :
« Ha ! vielleffe felonne & fiere,
Pourquoy m'as fi toft abatue ?
Qui me tient ? qui ? que ne me fiere ?
Et qu'à ce coup ie ne me tue ?

« Tollu m'as la haulte franchife
Que beaulté m'auoit ordonné
Sur clers, marchans & gens d'Eglife :
Car lors, il n'eftoit homme né
Qui tout le fien ne m'euft donné,
Quoy qu'il en fuft des repentailles,
Mais que luy euffe habandonné
Ce que reffufent truandailles.

« A maint homme l'ay reffufé,

de la Belle Hëaulmiere

Qui n'eſtoit à moy grant ſageſſe,
Pour l'amour d'vng garſon ruſé,
Auquel i'en faiſoie largeſſe.
A qui que ie feiſſe fineſſe,
Par m'ame, ie l'amoye bien !
Or ne me faiſoit que rudeſſe,
Et ne m'amoit que pour le mien.

« Sɪ ne me ſceut tant detrayner,
Fouler au piez, que ne l'amaſſe,
Et m'euſt il fait les rains trayner,
Si m'euſt dit que ie le baiſaſſe,
Que tous mes maulx ie n'oubliaſſe.
Le glouton, de mal entechié,
M'embraſſoit... I'en ſuis bien plus graſſe !
Que m'en reſte il ? Honte & pechié.

« Or est il mort, passé trente ans,
Et ie remains vielle, chenue.
Quant ie pense, lasse! au bon temps,
Quelle fus, quelle deuenue;
Quant me regarde toute nue,
Et ie me voy si tres changée,
Poure, seiche, mesgre, menue,
Ie suis presque toute enragée.

« Qu'est deuenu ce front poly,
Ces cheueulx blons, sourcilz voultiz,
Grant entrœil, le regart ioly,
Dont prenoie les plus soubtilz;
Ce beau nez droit, grant ne petit;
Ces petites ioinctes oreilles,
Menton fourchu, cler vis traictiz,
Et ces belles leures vermeilles?

de la Belle Heaulmiere

« Ces gentes espaulles menues;
Ces bras longs & ces mains traictisses;
Petiz tetins, hanches charnues,
Esleuées, propres, faictisses
A tenir amoureuses lisses;
Ces larges rains, ce sadinet,
Assis sur grosses fermes cuisses,
Dedens son petit iardinet?

« Le front ridé, les cheueux gris,
Les sourcilz cheuz, les yeulz estains,
Qui faisoient regars & ris,
Dont mains marchans furent attains;
Nez courbes, de beaulté loingtains,
Oreilles pendans & moussues;
Le vis pally, mort et destains;
Menton froncé, leures peaussues :

« C'est d'vmaine beaulté l'yssue !
Les bras cours & les mains contraites,
Les espaulles toutes bossues ;
Mamelles, quoy ! toutes retraites ;
Telles les hanches que les tetes.
Du sadinet, fy ! Quant des cuisses,
Cuisses ne sont plus, mais cuissetes
Griuelées comme saulcisses.

« Ainsi le bon temps regretons
Entre nous, poures vielles sotes,
Assises bas, à crouppetons,
Tout en vng tas comme pelotes,
A petit feu de cheneuotes
Tost allumées, tost estaintes ;
Et iadis fusmes si mignotes !...
Ainsi emprent à mains & maintes. »

« Or y penſez, belle Gantiere,
Qui m'eſcoliere ſouliez eſtre,
Et vous, Blanche la Sauetiere,
Or eſt il temps de vous congnoiſtre.
Prenez à dextre & à feneſtre;
N'eſpargnez homme, ie vous prie :
Car vielles n'ont ne cours ne eſtre,
Ne que monnoye qu'on deſcrie.

Ballade de la Belle Hëaulmiere

« Et vous, la gente Saulciciere,
Qui de dancer eftes adextre;
Guillemete la Tappiciere,
Ne mefprenez vers voftre maiftre;
Toft vous fauldra clorre feneftre,
Quant deuiendrez vielle, fleftrie;
Plus ne feruirez qu'vn viel preftre,
Ne que monnoye qu'on defcrie.

« Jehanneton la Chapperonniere,
Gardez qu'amy ne vous empeftre;
Et, Katherine la Bourciere,
N'enuoyez plus les hommes paiftre :
Car qui belle n'eft, ne perpetre
Leur male grace, mais leur rie.
Laide vielleffe amour n'empeftre,
Ne que monnoye qu'on defcrie.

30 Ballade de la Belle Hëaulmiere

ENVOI

« Filles, vueillez vous entremettre
D'escouter pourquoy pleure & crie :
Pour ce que ie ne me puis mettre,
Ne que monnoye qu'on descrie. »

Double Ballade
Sur le mesme Propos

Pour ce, aimez tant que vouldrez,
Suyuez aſſemblées & feſtes,
En la fin ia mieulx n'en vauldrez
Et ſi n'y romprez que vos teſtes :
Folles amours font les gens beſtes :
Salmon en ydolatria;
Samſon en perdit ſes lunetes.
Bien eſt eureux qui riens n'y a !

Double Ballade

Orpheüs, le doux meneſtrier,
Iouant de fleuſtes & muſetes,
En fut en danger de murtrier
Chien Cerberus à quatre teſtes ;
Et Narciſus, le bel honneſtes,
En vng parfont puis ſe noya,
Pour l'amour de ſes amouretes...
Bien eſt eureux qui riens n'y a !

Sardana, le preux cheualier,
Qui conquiſt le regne de Cretes,
En voulut deuenir moullier
Et filler entre pucelletes.
Dauid le roy, ſage prophetes,
Crainte de Dieu en oublia,
Voyant lauer cuiſſes bien faites...
Bien eſt eureux qui riens n'y a !

Sur le mesme Propos

Amon en voulst deshonnourer,
Faignant de menger tarteletes,
Sa seur Thamar, & desflourer,
Qui fut inceste deshonnestes;
Herodes — pas ne sont sornetes —
Saint Iehan Baptiste en decola
Pour dances, saulx, & chansonnetes...
Bien est eureux qui riens n'y a !

De moy, poure, ie vueil parler;
I'en fuz batu, comme à ru toiles,
Tout nu, ia ne le quiers celer.
Qui me feist mascher ces groselles,
Fors Katherine de Vausselles ?
Noel le tiers est, qui fut là.
Mitaines à ces nopces telles,
Bien est eureux qui riens n'y a !

Double Ballade

Mais que ce ieune bachelier
Laiſſaſt ces ieunes bacheletes,
Non! &, le deuſt on vif bruſler
Comme vng cheuaucheur d'eſcouuetes,
Plus doulces luy ſont que ciuetes.
Mais toutesfoys fol s'y fya :
Soient blanches, ſoient brunetes,
Bien eſt eureux qui riens n'y a!

Ballade

que Villon feit a la Requeste
de sa Mere pour prier Nostre Dame

Dame des cieulx, regente terrienne,
Emperiere des infernaux paluz,
Receuez moy, voſtre humble chreſtienne,
Que comprinſe ſoye entre vos eſleuz,

Ce non obstant qu'oncques riens ne valuz.
Les biens de vous, ma dame & ma maistresse,
Sont trop plus grans que ne suis pecheresse,
Sans lesquelz biens ame ne peut merir
N'auoir les cieulx, ie n'en suis iungleresse.
En ceste foy ie vueil viure & mourir.

A vostre Filz dictes que ie suis sienne;
De luy soyent mes pechiez aboluz :
Pardonne moy comme à l'Egipcienne,
Ou comme il feist au clerc Théophilus,
Lequel par vous fut quitte & absoluz,
Combien qu'il eust au deable fait promesse.
Preseruez moy, que ne face iamais ce,
Vierge portant, sans rompure encourir
Le sacrement qu'on celebre à la messe.
En ceste foy ie vueil viure & mourir.

Ballade

Femme ie suis pourette & ancienne,
Qui riens ne sçay; oncques lettre ne leuz;
Au mouftier voy dont suis paroiffienne
Paradis paint, où font harpes & luz,
Et vng enfer où dampnez font boulluz :
L'vng me fait paour, l'autre ioye & lieffe.
La ioye auoir me fay, haulte Deeffe,
A qui pecheurs doiuent tous recourir,
Comblez de foy, fans fainte ne pareffe.
En cefte foy ie vueil viure & mourir.

ENVOI

Vous portaftes, digne Vierge, princeffe,
Iefus regnant, qui n'a ne fin ne ceffe.
Le Tout-Puiffant, prenant noftre foibleffe,
Laiffa les cieulx & nous vint fecourir,

Offrit à mort sa tres chiere ieunesse.
Nostre Seigneur tel est, tel le confesse,
En ceste foy ie vueil viure & mourir.

Villon a s'Amye

ꝶaulse beaulté, qui tant me couſte chier,
Rude en effect, ypocrite doulceur;
Amour dure, plus que fer, à maſcher;
Nommer que puis de ma desfaçon ſeur,
Cherme felon, la mort d'vng poure cuer,
Orgueil muſſé, qui gens met au mourir;
Yeulx ſans pitié! ne veult droicte rigueur,
Sans empirer, vng poure ſecourir?

Villon a s'Amye

Mieulx m'euſt valu auoir eſté fercher
Ailleurs fecours, c'euſt eſté mon onneur.
Riens ne m'euſt fceu hors de ce fait hafier;
Trotter m'en fault en fuyte, à deshonneur.
Haro, haro, le grand & le mineur!
Et qu'eſt-ce cy? mourray, fans coup ferir,
Où pitié veult, felon ceſte teneur,
Sans empirer, vng poure fecourir.

Ung temps viendra, qui fera deſſecher,
Iaunir, fleſtrir, voſtre efpanye fleur :
Ie m'en riſſe, s'enfant peuſſe marcher,
Lors — mais nennil — ce feroit donc foleur.
Las, viel feray; vous, laide, fans couleur.
Or, beuuez fort, tant que ru peut courir.
Ne donnez pas à tous ceſte douleur,
Sans empirer, vng poure fecourir.

ENVOI

Prince amoureux, des amans le greigneur,
Voſtre mal gré ne vouldroye encourir;
Mais tout franc cuer doit, pour Noſtre Seigneur,
Sans empirer, vng poure ſecourir.

Ballade et Oroison

PERE Noé, qui plantaſtes la vigne,
Vous auſſi, Loth, qui beuſtes ou rochier,
Par tel party qu'Amours, qui gens engigne,
De voz filles ſi vous feiſt approuchier
— Pas ne le dy pour vous le reprouchier; —
Archetriclin, qui bien ſceuſtes ceſt art;
Tous trois vous pry que vous vueillez perchier
L'ame du bon feu maiſtre Iehan Cotart!

Ballade et Oroison

Jadis extraict il fut de voftre ligne,
Luy qui beuuoit du meilleur & plus chier;
Et ne deuft-il auoir vaillant vng pigne,
Certes, fur tous, c'eftoit vng bon archier;
On ne luy fceut pot des mains arrachier;
De bien boire ne fut oncques fetart.
Nobles feigneurs, ne fouffrez empefchier
L'ame du bon feu maiftre Iehan Cotart!

Comme homme beu qui chancelle & trepigr
L'ay veu fouuent, quand il s'alloit couchier;
Et vne fois il fe feift vne bigne,
Bien m'en fouuient, à l'eftal d'vng bouchier.
Brief, on n'euft fceu en ce monde ferchier
Meilleur pion, pour boire toft & tart.
Faictes entrer quand vous orrez huchier
L'âme du bon feu maiftre Iehan Cotart.

ENVOI

Prince, il n'euſt ſceu iuſqu'à terre crachier;
Touſiours crioit: « Haro, la gorge m'art! »
Et ſi ne ſceuſt oncq ſa ſeuf eſtanchier,
L'ame du bon feu maiſtre Iehan Cotart!

Ballade

Que Villon donna a un Gentilhomme

nouuellement marie pour l'envoyer a son espouse [Ambroise de Lore] par luy conquise a l'espec.

𝕬u poinct du iour, que l'espreuier se bat,
Meu de plaisir & par noble coustume,
Broie mauluiz & de ioye s'esbat,
Reçoit son per & se ioingt à sa plume :
Offrir vous vueil — à ce desir m'alume —
Ioyeusement ce qu'aux amans bon semble.
Sachez qu'Amour l'escript en son volume,
Et c'est la fin pour quoy sommes ensemble.

Ballade

Dame ferez de mon cuer fans debat,
Entierement, iufques mort me confume.
Lorier fouef qui pour mon droit combat,
Olivier franc, m'oftant toute amertume,
Raifon ne veult que ie defacouftume,
Et en ce vueil auec elle m'affemble,
De vous feruir, mais que m'y acouftume;
Et c'eft la fin pour quoy fommes enfemble.

Et qui plus eft, quant dueil fur moy s'embat,
Par fortune qui fouuent fi fe fume,
Voftre doulx œil fa malice rabat,
Ne mais ne moins que le vent faict la plume.
Si ne pers pas la graine que ie fume
En voftre champ, quant le fruit me reffemble :
Dieu m'ordonne que le fouyffe & fume;
Et c'eft la fin pour quoy fommes enfemble.

Ballade

ENVOI

Princesse, oyez ce que cy vous refume :
Que le mien cuer du voſtre defaſſemble
Ia ne fera : tant de vous en prefume ;
Et c'eſt la fin pour quoy fommes enfemble.

Ballade

ᴇɴ reagal, en arcenic rocher;
En orpiment, en ſalpeſtre & chaulx viue;
En plomb boullant, pour mieulx les eſmorcher
En ſuif & poix, deſtrempez de leſſiue

Faicte d'eſtrons & de piſſat de iuiſue;
En lauaille de iambes à meſeaulx;
En racleure de piez & vielz houſeaulx;
En ſang d'aſpic & drogues venimeuſes;
En fiel de loups, de regnars & blereaulx,
Soient frittes ces langues enuieuſes!

En ceruelle de chat qui hayt peſcher,
Noir, & ſi viel qu'il n'ait dent en genciue;
D'vng viel matin, qui vault bien auſſi chier,
Tout enragé, en ſa baue & ſaliue;
En l'eſcume d'vne mulle pouſſiue,
Detrenchée menu à bons ciſeaulx;
En eau où ratz plongent groings & muſeaulx,
Raines, crappaulx, telz beſtes dangereuſes,
Serpens, leſars, & telz nobles oyſeaulx,
Soient frittes ces langues enuieuſes

Ballade

En sublimé, dangereux à toucher,
Et ou nombril d'vne couleuure viue;
Ou sang qu'on voit es paletes secher,
Chez les barbiers, quant pleine lune arriue,
Dont l'vng est noir, l'autre plus vert que ciue,
En chancre & fiz, & en ces ors cuueaulx
Où nourrisses essangent leurs drappeaulx;
En petitz baings de filles amoureuses
— Qui ne m'entent n'a suiuy les bordeaulx —
Soient frittes ces langues enuieuses!

ENVOI

Prince, passez tous ces frians morceaulx,
S'estamine n'auez, sacs ne bluteaulx,
Parmy le fons d'vnes brayes breneuses;

66 Ballade

Mais, par auant, en eſtrons de pourceaulx
Soient frittes ces langues enuieuſes!

Ballade

Intitulee :

Les Contreditz de Franc-Gontier

Sur mol duuet affis, vng gras chanoine,
Lez vng brafier, en chambre bien natée,
A fon cofté gifant dame Sidoine,
Blanche, tendre, polie & attintée:

Boire ypocras, à iour & à nuytée,

Rire, iouer, mignonner & baiser,

Et nu à nu, pour mieulx des corps s'aiser,

Les vy tous deux, par vng trou de mortaise :

Lors ie congneuz que, pour dueil appaiser

Il n'eſt treſor que de viure à ſon aiſe.

Se Franc-Gontier & ſa compaigne Helaine
Euſſent ceſte doulce vie hantée,
D'ongnons, ciuoz, qui cauſent fort alaine,
N'acoutaſſent vne biſe toſtée.
Tout leur mathon, ne toute leur potée,
Ne priſe vng ail, ie le dy ſans noyſier.
S'ilz ſe vantent coucher ſoubz le roſier,
Lequel vault mieulx : lict coſtoyé de chaiſe ?
Qu'en dictes-vous ? Faut-il à ce muſier ?
Il n'eſt treſor que de viure à ſon aiſe.

de franc-Gontier

De gros pain bis viuent, d'orge, d'auoine,
Et boiuent eau, tout au long de l'année.
Tous les oyfeaulx d'icy en Babiloine,
A tel efcot vne feule iournée,
Ne me tiendroient, non vne matinée.
Or s'esbate, de par Dieu, Franc-Gontier,
Helaine o luy, foubz le bel efglantier;
Se bien leur eft, n'ay caufe qu'il me poife;
Mais, quoy que foit du laboureux meftier,
Il n'eft trefor que de viure à fon aife.

ENVOI

Prince, iugez, pour tous nous accorder.
Quant eft à moy, mais qu'à nul n'en defplaife,

Petit enfant, i'ay oÿ recorder :
Il n'eſt treſor que de vivre à ſon aiſe.

Ballade
Des femmes de Paris

Quoy qu'on tient belles langagieres
Florentines, Veniciennes,
Affez pour eftre meffagieres,
Et mefmement les anciennes;
Mais, foient Lombardes, Rommaines,
Geneuoifes, à mes perilz,
Pimontoifes, Sauoifiennes,
Il n'eft bon bec que de Paris.

Ballade

De tres beau parler tiennent chayeres,
Se dit-on, les Neapolitaines,
Et font tres bonnes caquetieres
Allemandes & Pruciennes ;
Soient Grecques, Egipciennes,
De Hongrie ou d'autre pays,
Espaignolles ou Castellaines,
Il n'est bon bec que de Paris.

Brettes, Suysses, n'y sçauent gueres,
Gasconnes, n'aussi Touloufaines ;
De Petit Pont deux harangieres
Les concluront ; & les Lorraines,
Engloises & Calaisiennes,
— Ay ie beaucoup de lieux compris ? —
Picardes de Valenciennes ;
Il n'est bon bec que de Paris.

ENVOI

Prince, aux dames Parisiennes
De beau parler donne le pris;
Quoy qu'on die d'Italiennes,
Il n'est bon bec que de Paris.

Ballade
De Villon et de la Grosse Margot

Se i'ayme & fers la belle de bon hait,
M'en deuez vous tenir à vil ne fot?
Elle a en foy des biens à fin fouhait.
Pour fon amour fains bouclier & paffot.

Ballade de Villon

Quand viennent gens, ie cours & happe vng pot :
Au vin m'en fuiz, fans demener grand bruit.
Ie leur tens eau, frommage, pain & fruit,
S'ilz paient bien, ie leur dis : « *Bene stat :*
Retournez cy, quand vous ferez en ruit,
En ce bordeau où tenons notre eftat ! »

Mais, adoncques, il y a grant deshait,
Quant fans argent s'en vient coucher Margot ;
Veoir ne la puis ; mon cuer à mort la hait.
Sa robe prens demy faint ou furcot :
Si luy iure qu'il tiendra pour l'efcot.
Par les coftés fe prent ; ceft Antecrift
Crie & iure, par la mort Ihefucrift,
Que non fera. Lors i'empongne vng efclat :
Deffus fon nez luy en fais vng efcript,
En ce bordeau où tenons noftre eftat.

Puis paix se fait, & me fait vng gros pet
Plus enflé qu'vng venimeux escharbot.
Riant, m'assiet son poing sur mon sommet
Gogo me dit, & me fiert le iambot.
Tous deux yures, dormons comme vng sabot;
Et, au resueil, quand le ventre luy bruit,
Monte sur moy, que ne gaste son fruit.
Soubz elle geins; plus qu'vn aiz me fait plat,
De paillarder tout elle me destruit,
En ce bordeau où tenons nostre estat.

ENVOI

Vente, gresle, gelle, i'ay mon pain cuit
Ie suis paillart, la paillarde me suit.
Lequel vault mieux, chascun bien s'entresuit.
L'vng vault l'autre : c'est à mau chat mau rat.

84 Ballade de Villon

Ordure amons, ordure nous affuit.
Nous deffuyons onneur, il nous deffuit,
En ce bordeau où tenons noftre eftat.

Ballade
de Bonne Doctrine
A ceulx de mauvaise vie
Precedee
De la Belle Leçon de Villon
Aux Enfans Perduz

$\mathcal{B}$EAULX enfans, vous perdez la plus

Belle rose de vo chappeau,

Mes clers pres prenans comme glus;

Se vous allez à Montpipeau

Ou à Rueil, gardez la peau :
Car, pour s'esbatre en ces deux lieux,
Cuidant que vaulsist le rappeau,
La perdit Colin de Cayeulx.

Ce n'est pas vng ieu de trois mailles,
Où va corps, & peut estre l'ame.
Qui pert, riens n'y font repentailles,
Qu'on n'en meure à honte & diffame.
Et qui gaigne n'a pas à femme
Dido la royne de Cartage.
L'homme donc est fol & infame,
Qui, pour si peu, couche tel gage.

Qu'vng chafcun encore m'efcoute :
On dit, & il est verité,

Aux Enfans Perduz

Que charretée se boit toute,
Au feu l'yuer, au bois l'esté.
S'argent auez, il n'est enté;
Mais le despendez tost & viste.
Qui en voyez vous herité?
Iamais mal acquest ne prouffite.

Car ou foies porteur de bulles,
Pipeur ou hafardeur de dez,
Tailleur de faulx coings, tu te brufles,
Comme ceulx qui font efchaudez,
Traiftres parjurs, de foy vuydez;
Soies larron, rauis ou pilles:
Où en va l'acqueft, que cuidez?
Tout aux tauernes & aux filles.

Ballade de Bonne Doctrine

Ryme, raille, cymballe, luttes,
Comme fol, fainctif, eshontez;
Farce, broulle, ioue des fleustes;
Fais, es villes & es citez,
Farces, ieux & moralitez;
Gaigne au berlanc, au glic, aux quilles.
Aussi bien va — or escoutez —
Tout aux tauernes & aux filles.

De telz ordures te reculles;
Laboure, fauche champs & prez;
Sers & pense cheuaulx & mulles;
S'aucunement tu n'es lettrez;
Assez auras, se prens en grez.
Mais, se chanure broyes ou tilles,
Ne tens ton labour qu'as ouurez
Tout aux tauernes & aux filles.

Ballade de Bonne Doctrine

ENVOI

Chausses, pourpoins efguilletez,
Robes, & toutes voz drappilles,
Ains que vous faffiez pis, portez
Tout aux tauernes & aux filles.

Ballade

Par laquelle Villon crye Mercy a Chascun

A Chartreux & à Celestins,
A mendians & à deuotes,
A musars, à claquepatins,
A seruans, à filles mignotes
Portans surcotz & iustes cotes,
A cuidereaux d'amours transsis,
Chauffans sans meshaing fauues botes,
Ie crie à toutes gens mercis!

Par laquelle Villon

A filletes monstrans tetins,
Pour auoir plus largement d'ostes,
A ribleurs, moueurs de hutins,
A bateleurs traynans marmotes,
A folz, folles, à sots & sotes,
Qui s'en vont siflant cinq & six,
A marmosés, & à mariotes,
Ie crie à toutes gens mercis!

Si non aux traistres chiens mastins,
Qui m'ont fait chieres dures crostes
Mascher mains soirs & mains matins,
Qu'ores ie ne crains que trois crotes.
Ie feisse pour eulx petz & rotes;
Ie ne puis, car ie suis assis.
Au fort, pour euiter riotes,
Ie crie à toutes gens mercis!

ENVOI

Qu'on leur froiffe les quinze coftes
De gros mailletz, fors & maffis,
De plombées & telz pelottes.
Ie crie à toutes gens mercis!

Ballade
Pour servir de Conclusion

Icy se cloſt le Teſtament
Et finiſt du poure Villon.
Venez à ſon enterrement,
Quand vous orrez le carrillon,
Veſtuz rouge com vermillon,
Car en amours mourut martir;
Ce iura il ſur ſon coullon
Quant de ce monde voult partir.

Ballade pour

Et ie croy bien que pas n'en ment,
Car chassé fut comme vng foullon
De ses amours hayneusement,
Tant que, d'icy à Rouffillon,
Brosse n'y a ne brossillon,
Qui n'eust, se dit il sans mentir,
Vng lambeau de son cotillon,
Quant de ce monde voult partir,

Il est ainsi, & tellement,
Quant mourut n'auoit qu'vng haillon.
Qui plus? En mourant, mallement
L'espoignoit Amours : l'esguillon,
Plus agu que le ranguillon
D'vn baudrier, luy faisoit sentir,
— C'est de quoy nous esmerueillon —
Quand de ce monde voult partir.

Servir de Conclusion

ENVOI

Prince, gent comme efmerillon,
Sachez qu'il fift, au departir :
Vng traict but de vin morillon,
Quant de ce monde voult partir.

Epistre
En forme de Ballade, a ses Amis

𝔄iez pitié, aiez pitié de moy,
A tout le moins, ſi vous plaiſt, mes amis!
En foſſe giz, non pas foubz houx ne may,
En ceſt exil ouquel ie ſuis tranſmis

Par fortune, comme Dieu l'a permis.
Filles, amans, ieunes gens & nouueaulx;
Danceurs, faulteurs, faifans les piés de veaux,
Vifz comme dars, aguz comme aguillon;
Goufiers tintans cler comme gaftaueaux;
Le lefferez là, le poure Villon?

CHANTRES chantans à plaifance, fans loy;
Galans, rians, plaifans en faiz & diz;
Coureux, alans; francs de faulx or, d'aloy;
Gens d'efperit, vng petit eftourdiz;
Trop demourez, car il meurt entandiz.
Faifeurs de laiz, de motès & rondeaux,
Quant mort fera vous lui ferez chaudeaux.
Où gift, il n'entre efcler ne tourbillon;
De murs efpoix on luy a fait bandeaux :
Le lefferez là, le poure Villon?

A ses Amis

Venez le veoir en ce piteux arroy,
Nobles hommes, francs de quart & de dix,
Qui ne tenez d'empereur ne de roy,
Mais feulement de Dieu de Paradiz.
Ieuner lui fault dimenches & merdiz,
Dont les dens a plus longues que ratteaux.
Après pain sec — non pas après gafteaux —
En fes boyaulx verfe eau à gros bouillon;
Bas en terre, table n'a, ne trefteaulx :
Le lefferez là, le poure Villon ?

ENVOI

Princes nommez, anciens & iouuenceaux,
Impetrez-moy graces & royaulx feaux,
Et me montez en quelque corbillon.
Ainfi fe font, l'vn à l'autre, pourceaux,

Car, où l'vn brait, ilz fuyent à monceaux,
Le lefferez là, le poure Villon?

Le Debat
Du Cuer et du Corps de Villon

En forme de Ballade

I

Qu'est-ce que i'oÿ?

— Ce fuis.

— Qui?

Le Debat du Cuer

—Ton cuer,
Qui ne tient mais qu'à vng petit filet.
Force n'ay plus, fubftance ne liqueur,
Quand ie te voy retraict ainfi feulet,
Com poure chien tappy en reculet.
— Pour quoy eft ce?

— Pour ta folle plaifance.
— Que t'en chault il?

— I'en ay la defplaifance.
— Laiffe m'en paix!

— Pour quoy?

—I'y penferay.
— Quand fera ce?

— Quant feray hors d'enfance.
—Plus ne t'en dis.

— Et ie m'en pafferay.

II

— Que penses tu ?
  — Estre homme de valeur.
— Tu as trente ans.
  — C'est l'aage d'vng mullet.
— Est ce enfance ?
  — Nennil.
  — C'est donc foleur.
Qui te faisist ?
  — Par où ?
  — Par le collet.
Riens ne congnois.
  — Si fais : mouches en let.
L'vng est blanc, l'autre noir, c'est la distance.
— Est ce donc tout ?
  — Que veulx tu que ie tance ?

Se n'eſt aſſez, ie recommenceray.

— Tu es perdu !

                — I'y mettray reſiſtance.

— Plus ne t'en dis.

                — Et ie m'en paſſeray.

III

— J'EN ay le dueil; toy, le mal et douleur.
Se feuſſes vng poure ydiot & folet,
Encore euſſes de t'excuſer couleur :
Se n'as tu foing, tout t'eſt vng, bel ou let.
Ou la teſte as plus dure qu'vng ialet,
Ou mieulx te plaiſt qu'onneur ceſte meſchance !
Que reſpondras à ceſte conſequence ?
— I'en feray hors quand ie treſpaſſeray.
— Dieu, quel confort !

       — Quelle fage eloquence!
— Plus ne t'en dis.
       — Et ie m'en paſſeray.

IV

— Dont vient ce mal?
       — Il vient de mon maleur.
Quant Saturne me feiſt mon fardelet,
Ces maulx y meiſt, ie le croy.
       — C'eſt foleur :
Son feigneur es, & te tiens fon varlet.
Voy que Salmon efcript en fon rolet :
« Homme fage, fe dit-il, a puiſſance
Sur les planetes & leur influence. »
— Ie n'en croy riens; tel qu'ilz m'ont fait feray.
— Que dis tu ?

— Dea.

    — Certes, c'eſt ma créance.

Plus ne t'en dis.

    — Et ie m'en paſſeray.

ENVOI

— Dₑᵤₗₓ tu viure?

    — Dieu m'en doint la puiſſance !

— Il te fault...

    — Quoy?

      — Remors de conſcience;

Lire ſans fin.

    — En quoy lire?

      — En ſcience;

Laiſſer les folz !

    — Bien i'y aduiſeray.

— Or le retien !

    — J'en ay bien fouuenance.

— N'atens pas tant que viengne à defplaifance.
Plus ne t'en dis.

    — Et ie m'en pafferay.

Probleme ou Ballade
au Nom de la fortune

Fortune fus par clercs iadis nommée,
Que toy, Françoys, crie & nomme murtriere,
Qui n'es homme d'aucune renommée.
Meilleur que toy fais vser en plaſtriere

Probleme ou Ballade

Par poureté, & fouyr en carriere;
S'à honte vis, te dois tu doncques plaindre?
Tu n'es pas feul; fi ne te dois complaindre.
Regarde & voy de mes faiz de iadis,
Mains vaillans homs par moy mors & roidis;
Et n'es, ce fçais, enuers eulx vng foullon.
Appaife toy, & mets fin en tes dis.
Par mon confeil prens tout en gré, Villon!

Contre grans roys me fuis bien anymée,
Le temps qui eft paffé ça en arriere.
Priam occis & toute fon armée;
Ne luy valut tour, donjon, ne barriere.
Et Hannibal, demoura il derriere?
En Cartaige, par mort le feiz attaindre,
Et Scypion l'Affriquan feiz eftaindre;
Iulles Cefar au fenat ie vendis;

En Egipte Pompée ie perdis;
En mer noyé Iafon en vng bouillon;
Et, vne fois, Romme & Rommains ardiz.
Par mon confeil prens tout en gré, Villon!

Alexandre, qui tant feift de hemée,
Qui voulut veoir l'eftoille pouciniere,
Sa perfonne par moy fut envlimée.
Alphafar roy, en champ, fous fa baniere,
Rué ius mort; cela eft ma maniere.
. . . .
. . . .

Holofernes, l'ydolaftre mauldis,
Qu'occift Iudit — & dormoit entandiz! —
De fon poignart, dedens fon pauillon.
Abfalon, quoy! en fuyant le pendis...
Par mon confeil prens tout en gré, Villon!

Probleme ou Ballade

ENVOI

Pour ce, Françoys, efcoute que te dis :
Se riens peuffe fans Dieu de paradis,
A toy n'autre ne demourroit haillon,
Car, pour vng mal, lors i'en feroye dix :
Par mon confeil prens tout en gré, Villon !

L'Epitaphe

En forme de Ballade

Que feit Villon pour luy & ses Compagnons s'attendant estre pendu avec eux

FRERES humains, qui après nous viuez
N'ayez les cuers contre nous endurcis,
Car, fe pitié de nous poures auez,

Dieu en aura plus toſt de vous mercis.
Vous nous voiez cy atachez cinq, ſix :
Quant de la chair, que trop auons nourrie,
Elle eſt pieça deuorée & pourrie,
Et nous, les os, deuenons cendre & pouldre.
De noſtre mal perſonne ne s'en rie,
Mais priez Dieu que tous nous vueille abſouldre !

Se freres vous clamons, pas n'en deuez
Auoir deſdaing, quoy que fuſmes occis
Par iuſtice. Toutesfois, vous ſçauez
Que tous hommes n'ont pas bon ſens aſſis ;
Excuſez nous — puis que sommes tranſſis —
Enuers le filz de la Vierge Marie,
Que ſa grace ne ſoit pour nous tarie,
Nous preſeruant de l'infernale fouldre.
Nous ſommes mors, ame ne nous harie ;

Mais priez Dieu que tous nous vueille abfouldre!

La pluye nous a buez & lauez,
Et le foleil defechez & noircis;
Pies, corbeaulx, nous ont les yeux cauez,
Et arraché la barbe & les fourcilz.
Iamais, nul temps, nous ne fommes affis;
Puis çà, puis là, comme le vent varie,
A fon plaifir fans ceffer nous charie,
Plus becquetez d'oifeaulx que dez à couldre.
Ne foiez donc de noftre confrairie,
Mais priez Dieu que tous nous vueille abfouldre!

ENVOI

Prince Ihefus, qui fur tous a maiftrie,
Garde qu'Enfer n'ait de nous feigneurie:

A luy n'ayons que faire ne que fouldre.

Hommes, icy n'a point de mocquerie,

Mais priez Dieu que tous nous vueille abfouldre !

La Requeste de Villon

Presentee a la Cour de Parlement

En forme de Ballade

Tous mes cinq fens: yeulx, oreilles & bouche,
Le nez, & vous, le fenfitif, auffi;
Tous mes membres où il y a reprouche,
En fon endroit vng chafcun die ainfi:

« Souuraine court, par qui fommes icy,
Vous nous auez gardé de defconfire;
Or, la langue ne peut affez fouffire
A vous rendre fouffifantes louenges :
Si prions tous, fille du fouurain Sire,
Mere des bons & feur des benois anges! »

Cuers, fendez vous, ou percez d'vne broche,
Et ne foyez, au moins, plus endurcy
Qu'en vng defert fut la fort bife roche
Dont le peuple des Iuifz fut adoulcy;
Fondez lermes, & venez à mercy,
Comme humble cuer qui tendrement foufpire
Louez la Court, conjointe ou Saint Empire,
L'eur des Françoys, le confort des eftranges,
Procréée laffus ou ciel empire
Mere des bons & feur des benois anges!

Et vous, mes dens, chafcune fi s'efloche;
Saillez auant, rendez à tous mercy,
Plus hautement qu'orgue, trompe, ne cloche,
Et de mafcher n'ayez ores fouffy;
Confiderez que ie feuffe tranffy,
Foye, pommon, & rate qui refpire.
Et vous, mon corps, qui vil eftes & pire
Qu'ours ne pourceau qui fait fon nyt es fanges,
Louez la Court, auant qu'il vous empire,
Mere des bons & feur des benois anges!

ENVOI

Prince, trois iours ne vueillez m'efcondire,
Pour moy pourueoir, & aux miens « à Dieu » dire;
Sans eulx, argent ie n'ay, icy n'aux changes

Court triumphant, *fiat*, sans me desdire ;
Mere des bons & seur des benois anges !

Ballade
De l'Appel de Villon

Que vous ſemble de mon appel,
Garnier? Feis ie ſens ou folie?
Toute beſte garde ſa pel;
Qui la contraint, efforce ou lie,
S'elle peult, elle ſe deſlie.
Quant donc, par plaiſir voluntaire,
Chanté me fut ceſte omelie,
Eſtoit il lors temps de me taire?

Ballade

~~S~~E feuſſe des hoirs Hue Cappel,
Qui fut extrait de boucherie,
On ne m'euſt, parmy ce drappel,
Fait boire en ceſte eſcorcherie :
Vous entendez bien ioncherie ?
Mais quant ceſte paine arbitraire
On me iugea par tricherie,
Eſtoit il lors temps de me taire ?

CUIDIEZ vous que ſoubz mon cappel
Y euſt tant de philoſophie
Comme de dire : « I'en appel ? »
S'y auoit, ie vous certiffie,
Combien que point trop ne m'y fie.
Quant on me dit, preſent notaire :
« Pendu ferez ! » ie vous affie,
Eſtoit il lors temps de me taire ?

ENVOI

PRINCE, ſi i'euſſe eu la pepie,
Pieça ie feuſſe où eſt Clotaire,
Aux champs debout comme vng eſpie.
Eſtoit il lors temps de me taire?

La Requeste

que Villon

Bailla a Monseigneur de Bourbon

𝕷ᴇ mien feigneur & prince redoubté,

Fleuron de Lys, royalle geniture,

Françoys Villon, que trauail a dompté

A coups orbes, par force de bature,

La Requeste

Vous supplie, par ceste humble escripture,
Que lui faciez quelque gracieux prest.
De s'obliger en toutes cours est prest ;
Si ne doubtez que bien ne vous contente.
Sans y auoir dommage n'interest,
Vous n'y perdrez seulement que l'attente.

Al prince n'a vng denier emprunté,
Fors à vous seul, vostre humble creature.
De six escus que luy auez presté,
Cela pieça il meist en nourriture.
Tout se paiera ensemble, c'est droiture,
Mais ce fera legierement & prest :
Car, si du gland rencontre en la forest
D'entour Patay, & chastaignes ont vente,
Paié ferez sans delay ny arrest :
Vous n'y perdrez seulement que l'attente.

La Requeste

Si ie peusse vendre de ma santé
A vng Lombart, vsurier par nature,
Faulte d'argent m'a si fort enchanté,
Que i'en prendrois, ce cuide, l'aduenture.
Argent ne pend à gippon n'à sainture;
Beau sire Dieux! ie m'esbaïz que c'est,
Que deuant moy croix ne se comparoist,
Si non de bois ou pierre, que ne mente;
Mais s'vne fois la vroye m'apparoist,
Vous n'y perdrez seulement que l'attente.

ENVOI

Prince du Lys, qui à tout bien complaist,
Que cuidez vous — comment il me desplaist —
Quand ie ne puis venir à mon entente?
Bien entendez; aidez moy, s'il vous plaist :
Vous n'y perdrez seulement que l'attente.

SVSCRIPTION DE LADICTE REQVESTE

Allez, lettres, faictes vng sault,
Combien que n'ayez pié ne langue :
Remonstrez, en vostre harangue,
Que faulte d'argent si m'assault.

Ballade
du Concours de Blois

Je meurs de ſeuf au près de la fontaine,
Chault comme feu, & tremble dent à dent;
En mon païs ſuis en terre loingtaine;
Lez vng braſier friſſonne tout ardent;

Ballade

Nu comme vng ver, veſtu en preſident;
Ie riz en pleurs, & attens ſans eſpoir;
Confort reprens en triſte deſeſpoir;
Ie m'eſiouys & n'ay plaiſir aucun;
Puiſſant ie ſuis ſans force & ſans pouoir;
Bien recueully, debouté de chaſcun.

Rien ne m'eſt ſeur que la choſe incertaine;
Obſcur, fors ce qui eſt tout euident;
Doubte ne fais, fors en choſe certaine;
Science tiens à ſoudain accident;
Ie gaigne tout, & demeure perdent;
Au point du iour, diz: « Dieu vous doint bon ſoir! »
Giſant en vers, i'ay grand paour de cheoir;
I'ay bien de quoy, & ſi n'en ay pas vng;
Eſchoicte attens, & d'omme ne ſuis hoir;
Bien recueully, debouté de chaſcun.

De riens n'ay foing, fi meɑ̃z toute ma paine
D'acquerir biens, & n'y fuis pretendent;
Qui mieulx me dit, c'eſt cil qui plus m'attaine
Et qui plus vray, lors plus me va bourdent;
Mon amy eſt, qui me fait entendent
D'vng cigne blanc que c'eſt vng corbeau noir;
Et qui me nuyſt, croy qu'il m'ayde à pouoir;
Bourde, verité, auiourd'uy m'eſt vn;
Ie retiens tout; rien ne ſçay concepuoir;
Bien recueully, debouté de chafcun.

ENVOI

Prince clement, or vous plaife ſçauoir
Que i'entens moult, & n'ay fens ne ſçauoir;

Ballade

Parcial fuis, à toutes loys commun.
Que fais ie plus ? Quoy ? Les gaiges rauoir,
Bien recueully, debouté de chafcun.

Ballade
Des Proverbes

Tant grate chieure que mal giſt,
Tant va le pot à l'eau qu'il briſe,
Tant chauffe on le fer qu'il rougiſt,
Tant le maille on qu'il ſe debriſe,

Ballade

Tant vault l'homme comme on le prise,
Tant s'eslongne il qu'il n'en souuient,
Tant mauuais est qu'on le desprise,
Tant crie l'on Noel qu'il vient.

Tant parle qu'on se contredit,
Tant vault bon bruyt que grace acquise,
Tant promet on qu'on s'en desdit,
Tant prie on que chose est acquise,
Tant plus est chiere & plus est quise,
Tant la quiert on qu'on y paruient,
Tant plus commune & moins requise,
Tant crie l'on Noel qu'il vient.

Tant ayme on chien qu'on le nourrist,
Tant court chanson qu'elle est aprise,

Des Proverbes

Tant garde on fruit qu'il se pourrist,
Tant bat on place qu'elle est prise,
Tant tarde on que faut entreprise,
Tant se haste on que mal aduient,
Tant embrasse on que chet la prise,
Tant crie l'on Noel qu'il vient.

Tant raille on que plus on ne rit,
Tant despent on qu'on n'a chemise,
Tant est on franc que tout se frit,
Tant vault tien que chose promise,
Tant ayme on Dieu qu'on fuit l'Eglise,
Tant donne on qu'emprunter conuient,
Tant tourne vent qu'il chiet en bise,
Tant crie l'on Noel qu'il vient.

ENVOI

PRINCE, tant vit fol qu'il s'auife,
Tant va il qu'après il reuient,
Tant le mate on qu'il fe rauife,
Tant crie l'on Noel qu'il vient.

Ballade
Des Menus Propos

Je congnois bien mouches en let,
Ie congnois à la robe l'homme,
Ie congnois le beau temps du let,
Ie congnois au pommier la pomme,
Ie congnois l'arbre à veoir la gomme,
Ie congnois quant tout eſt de meſmes,
Ie congnois qui beſongne ou chomme,
Ie congnois tout, fors que moy meſmes.

Ballade

Je congnois pourpoint au colet,
Ie congnois le moyne à la gonne,
Ie congnois le maiſtre au varlet,
Ie congnois au voille la nonne,
Ie congnois quant pipeur iargonne,
Ie congnois fols nourris de creſmes,
Ie congnois le vin à la tonne,
Ie congnois tout, fors que moy meſmes.

Je congnois cheual & mulet,
Ie congnois leur charge & leur ſomme,
Ie congnois Bietrix & Bellet,
Ie congnois get qui nombre & ſomme,
Ie congnois viſion & ſomme,
Ie congnois la faulte des Boeſmes,
Ie congnois le pouoir de Romme,
Ie congnois tout, fors que moy meſmes.

ENVOI

PRINCE, ie congnois tout en fomme,
Ie congnois coulourés & blefmes,
Ie congnois mort qui tous confomme,
Ie congnois tout, fors que moy mefmes.

Ballade
Des Contre-Verites

Il n'eſt foing que quant on a fain,
Ne ſeruice que d'ennemy,
Ne maſcher qu'vng botel de foing,
Ne fort guet que d'homme endormy,
Ne clemence que felonnie,
N'aſſeurence que de peureux,
Ne foy que l'homme qui regnie,
Ne bon conſeil que d'amoureux.

Ballade

Il n'est engendrement qu'en baing,
Ne bon bruit que d'homme beny,
Ne riz qu'après vng cop de poing,
Ne lotz que debtes mettre en ny,
Ne vraye amour qu'en flaterie,
N'encontre que de maleureux,
Ne vray rapport que menterie,
Ne bon conseil que d'amoureux.

Ne tel repos que viure en soing,
N'honneur porter que dire : « Fi! »
Ne foy vanter que de faulx coing,
Ne santé que d'homme bouffy,
Ne hault vouloir que couardie,
Ne conseil que de furieux,
Ne doulceur qu'en femme estourdie,
Ne bon conseil que d'amoureux.

Des Contre=Verites

ENVOI

Voulez vous que verité die :
Il n'eſt jouer qu'en maladie,
Lettre vraye que tragedie,
Laſche homme que cheualereux,
Orrible ſon que melodie,
Ne bon conſeil que d'amoureux.

Ballade
De Bon Conseil

Hommes failliz, despourueuz de raison,
Desnaturez & hors de congnoissance,
Desmis de sens, comblés de desraison;
Fols abusez, plains de descongnoissance,

Ballade

Qui procurez contre voſtre naiſſance,
Vous foubzmettant à deteſtable mort
Par laſcheté; las! que ne vous remort
L'orribleté qui à honte vous maine.
Voyez comment maint ieune homme en eſt mort,
Par offencer & prendre autruy demaine.

Cʜᴀsᴄᴜɴ en foy voye fa mefprifon,
Ne nous vengeons, prenons en pacience;
Nous congnoiſſons que ce monde eſt prifon
Aux vertueux franchis d'impacience;
Batre, touiller, pour ce n'eſt pas fcience,
Tollir, rauir, piller, meurtrir à tort.
De Dieu ne chault, de verité fe tort
Qui en telz faiz fa ieuneſſe demaine,
Dont à la fin fes poingz doloreux tort,
Par offencer & prendre autruy demaine.

De Bon Conseil

Que vault piper, flater en trahyson,
Quester, mentir, affirmer sans fiance,
Farcer, tromper, artifier poyson,
Viure en pechié, dormir en deffiance
De son prochain, sans auoir confiance?
Pour ce conclus : de bien faisons effort,
Reprenons cueur, ayons en Dieu confort,
Nous n'auons iour certain en la sepmaine;
De nos maulx ont noz parens le ressort
Par offencer & prendre autruy de maine.

ENVOI

Viuons en paix, exterminons discord,
Ieunes & vieulx, soyons tous d'vng accord,
La loy le veult, l'apostre le remaine
Licitement en l'epistre rommaine;

180 Ballade de Bon Conseil

Ordre nous fault, eſtat ou aucun port.
Notons ces pointz; ne laiſſons le vray port
Par offencer & prendre autruy demaine.

Double Ballade
Sur le Mesme Suiet

Combien que i'ay leu en vng dit:
Inimicum putes, y a,
Qui te presentem laudabit,
Toutesfois, non obſtant cela,

Double Ballade

Oncques vray homme ne cela
En son courage aucun grant bien,
Qui ne le montrast cà & là :
On doit dire du bien le bien.

Saint Iehan Baptiste ainsy le fist,
Quand l'Aignel de Dieu descela.
En ce faisant pas ne messist,
Dont sa voix es tourbes vola ;
De quoy saint Andry Dieu loua,
Qui de luy cy ne sçauoit rien,
Et au Fils de Dieu s'aloua :
On doit dire du bien le bien.

Enuoiée de Ihesufchrist,
Rappellez sà ius, par deçà,
Les poures que Rigueur proscript
Et que Fortune betourna.

Sur le Mesme Suiet

Cy fçay bien comment y m'en va!
De Dieu, de vous, vie ie tien...
Benoift celle qui vous porta!
On doit dire du bien le bien.

Cy, deuant Dieu, fais congnoiffance,
Que creature feuffe morte,
Ne feuft voftre doulce naiffance,
En charité puiffant & forte,
Qui reffufcite & reconforte
Ce que Mort auoit prins pour fien.
Voftre prefence me conforte :
On doit dire du bien le bien.

Cy vous rens toute obéyffance,
Ad ce faire raifon m'exorte,
De toute ma poure puiffance ;
Plus n'eft deul qui me defconforte,

Double Ballade

N'aultre ennuy de quelconque forte.
Voftre ie fuis & non plus mien;
Ad ce, droit & deuoir m'enhorte:
On doit dire du bien le bien.

O grace & pitié tres immenfe,
L'entrée de paix & la porte,
Some de benigne clemence,
Qui noz faultes toult & fupporte,
Sy de vous louer me deporte,
Ingrat fuis, & ie le maintien,
Dont en ce refrain me tranfporte:
On doit dire du bien le bien.

ENVOI

PRINCESSE, ce loz ie vous porte,
Que fans vous ie ne feuffe rien.

Sur le Mesme Suiet

A vous & à vous m'en rapporte.
On doit dire du bien le bien.

Ballade
Des Poures Housseurs

ON parle de champs labourer,
De porter chaulme contre vent,
Et auſſi de ſe marier
A femme qui tance ſouuent;
De moyne de poure couuent,
De gens qui vont ſouuent ſur mer,
De ceulx qui vont les bleds ſemer,
Et de celluy qui l'aſne maine,

Ballade

Mais, à trestout considerer,
Poures housseurs ont assez peine

A petits enfans gouuerner,
Dieu scet se c'est esbatement!
De gens d'armes doit on parler?
De faire leur commandement?
De seruir Malchus chauldement?
De seruir dames & aymer?
De guerryer & bouhourder,
Et de iouster à la quintaine?
Mais, à trestout considerer,
Poures housseurs ont assez peine.

Ce n'est que ieu de bled foyer,
Et de prez faulcher, vrayment;
Ne d'orge batre, ne vanner,
Ne de plaider en Parlement;

Des Poures Housseurs

A danger emprunter argent,
A maignans leurs poisles mener,
Et à charretiers desieuner,
Et de ieuner la quarantaine.
Mais, à trestout considerer,
Poures housseurs ont assez peine.

Ballade
Contre les Mesdisans de la france

ℜ ENCONTRÉ ſoit de beſtes feu geǎans,
Que Iaſon vit, querant la toiſon d'or;
Ou tranſmué d'homme en beſte, ſept ans,

Ballade Contre

Ainſi que fut Nabugodonoſor;
Ou perte il ait & guerre auſſi villaine
Que les Troyens pour la prinſe d'Heleine;
Ou auallé ſoit auec Tantalus
Et Proſerpine aux infernaulx pallus,
Ou plus que Iob ſoit en griefue ſouffrance,
Tenant priſon en la tour Dedalus,
Qui mal vouldroit au royaulme de France!

Quatre mois ſoit en vng viuier chantant;
La teſte au fons, ainſi que le butor;
Ou au Grant Turc vendu deniers contant,
Pour eſtre mis au harnoiz comme vng tor;
Ou trente ans ſoit, comme la Magdalaine,
Sans drap veſtir de linge ne de laine;
Ou ſoit noyé, comme fut Narciſus.

les Mesdisans de la france

Ou aux cheueulx, comme Absalon, pendus,
Ou comme fut Iudas par desperance,
Ou puist perir comme Simon Magus,
Qui mal vouldroit au royaulme de France!

D'Octouien puist revenir le tems :
C'est qu'on luy coule au ventre son tresor;
Ou qu'il soit mis entre meules flotans,
En vng moulin, comme fut saint Victor,
Ou transglouty en la mer, sans aleine,
Comme Ionas au corps de la baleine;
Ou soit banny de la clarté Phebus,
Des biens Iuno & du soulas Venus,
Et du dieu Mars soit pugny à oultrance,
Ainsi que fut roy Sardanapalus,
Qui mal vouldroit au royaulme de France!

ENVOI

Prince, porté ſoit des ſerfs Eolus
En la foreſt où domine Glaucus,
Ou priué ſoit de paix & d'eſperance,
Car digne n'eſt de poſſeder vertus
Qui mal vouldroit au royaulme de France !

Table des Matières

Et des Gravures

Les Ballades

Frontiſpice. . . . . TITRE

Ballade des dames du temps jadis . . .   1
Ballade des ſeigneurs du temps jadis . .   7
Ballade, à ce propos, en viel langage françois. .   13
Les regrets de la belle hëaulmiere.   19
Ballade de la belle hëaulmiere aux filles de joie.   27
Double ballade.   31
Ballade que Villon feit à la requeſte de ſa mère
   pour prier Noſtre Dame.   37

Table des Matières

Villon à s'amye	43
Ballade et oroifon	49
Ballade que Villon donna à un gentilhomme, nouvellement marié, pour l'envoyer à fon efpoufe (Ambroife de Loré) par lui conquife à l'efpée	55
Ballade des langues envieufes.	61
Ballade intitulée : *les Contreditz de Franc-Gontier*.	67
Ballade des femmes de Paris.	73
Ballade de Villon et de la Groffe Margot. . .	79
Belle leçon de Villon aux enfans perduz.. . .	85
Ballade de bonne doctrine à ceux de mauuaife vie..	90
Ballade par laquelle Villon crye mercy à chafcun.	93
Ballade pour fervir de conclufion	99
Epiftre en forme de ballade à fes amis	105
Le débat du cuer et du corps de Villon, en forme de ballade..	111
Problème ou ballade au nom de la Fortune. .	121
L'épitaphe en forme de ballade que feit Villon pour luy & fes compagnons, s'attendant à estre pendu avec eux	127

Et des Gravures 205

La requeſte de Villon préſentée à la Cour de Parlement, en forme de ballade.	133
Ballade de l'appel de Villon.	139
La requeſte que Villon bailla à Monſeigneur de Bourbon.	145
Ballade du concours de Blois.	151
Ballade des proverbes.	157
Ballade des menus propos	163
Ballade des contre-vérités	169
Ballade de bon conſeil.	175
Double ballade sur le même ſujet.	181
Ballade des poures houſſeurs.	189
Ballade contre les meſdiſans de la France . . .	195

Le texte de cette édition a été établi et collationné sur celui des Œuvres complètes de François Villon *publiées, d'après les manuscrits et les plus anciennes éditions, par M. Auguste Longnon, membre de l'Institut (Lemerre, in-8 écu, 1892).*

Cette édition, tirée à trois cent cinquante exemplaires numérotés à la presse, dont :

Un exemplaire — n° 1 — sur whatman, in-4 raisin (texte réimposé), contenant tous les dessins originaux, une aquarelle sur le faux-titre général et une double suite d'épreuves d'artiste signées, sur japon ancien et sur chine ;

Un exemplaire — n° 2 — sur whatman, in-4 raisin (texte réimposé), contenant les maquettes et croquis de l'illustrateur avec une aquarelle sur tous les faux-titres, et une double suite d'épreuves d'artiste signées, sur japon ancien et sur chine ;

25 exemplaires — de 3 à 27 — sur japon ancien, in-4 raisin (texte réimposé), contenant une aquarelle originale, une double suite d'épreuves d'artiste signées, sur japon mince et sur chine ;

3 exemplaires — de 28 à 30 — sur vélin du Marais à la forme, in-4 raisin (texte réimposé), avec une double suite d'épreuves d'artiste signées, sur japon ancien et sur chine ;

25 exemplaires — de 31 à 55 — sur japon des manufactures impériales, avec un tirage à part de toutes les gravures sur japon et sur chine ;

50 exemplaires — de 56 à 105 — sur chine fort, avec un tirage à part de toutes les gravures sur japon et sur chine ;

100 exemplaires — de 106 à 205 — sur vélin à la cuve des papeteries du Marais, filigrané ΚΤΗΜΑ ΕΙΣ ΑΕΙ, avec un tirage à part sur japon ancien ou sur chine de toutes les gravures;

150 exemplaires — de 206 à 350 — sur vélin à la cuve des papeteries du Marais, filigrané ΚΤΗΜΑ ΕΙΣ ΑΕΙ;

Plus 50 exemplaires offerts (de CCCLI à CD), numérotés à la presse en chiffres romains et portant chacun, imprimé également, le nom du destinataire,

a été achevée d'imprimer, sur les presses à bras de LAHURE, imprimeur à Paris, pour l'in-4 le 1er Octobre 1896, et pour l'in-8 le 20 Octobre 1896; M. JATTEFAUX étant prote de la composition, M. OUIVET prote des machines, M. PRONIER metteur en pages, M. FERMOND correcteur, et MM. MARPON et DUPONT pressiers.

L'éditeur déclare rigoureusement exacts les chiffres de tirage énoncés ci-dessus, dont chaque exemplaire a été revêtu d'une remarque de sa main, certifiant son authenticité.

Les bois, poinçonnés pour en empêcher l'usage, ont été distribués aux premiers souscripteurs des exemplaires sur grands papiers, sauf un destiné au *Musée des Arts Décoratifs*.

www.ingramcontent.com/pod-product-compliance
Lightning Source LLC
Chambersburg PA
CBHW051914160426
43198CB00012B/1885